S¹
L b 2072.

AF257344

Conserver cette couverture

PROCÈS

DE

M. LE Mⁱˢ DE FITZ-JAMES.

Extrait de la Gazette de Normandie du 1ᵉʳ janvier 1834.

PARIS,

IMPRIMERIE DE DECOURCHANT,

RUE D'ERFURTH, N° 1, PRÈS DE L'ABBAYE.

1834

COUR D'ASSISES DE ROUEN.

AUDIENCE DU 31 DÉCEMBRE.

—

PRÉSIDENCE DE M. LEGRIX DE LA CHAISE.

BIBLIOTHÈQUE ROYALE

PROCÈS

DE

M. LE MARQUIS DE FITZ-JAMES.

———◆———

Dans les premiers jours du mois de novembre dernier, une battue eut lieu dans la forêt de Brethonne, à la demande des autorités locales et sur l'ordre des magistrats supérieurs, pour détruire les loups qui ravageaient alors la contrée. A la suite de cette battue, M. le marquis de Fitz-James, qui y avait pris part, réunit, le 5 novembre, les principaux chasseurs dans un déjeûner à Guerbaville. Ce jour-là, vers trois heures après midi, les mots VIVE HENRI V furent écrits sur le mur extérieur de la chambre de M. de Fitz-James. Dès le lendemain, sur une lettre du sous-préfet d'Yvetot, des poursuites furent dirigées par le procureur du roi à l'effet de rechercher qui avait écrit ces mots; et à peine l'instruction était-elle commencée, que M. le marquis de Fitz-James déclara qu'il était l'auteur de l'inscription incriminée.

C'est par suite de ces faits que M. le marquis de Fitz-James comparaissait hier devant la Cour d'assises, assisté de M⁰ Fontaine, avocat du barreau de Paris.

Dès le matin, une foule nombreuse se pressait dans la vaste salle d'audience de la Cour d'assises. A dix heures la Cour a pris séance ; elle s'est immédiatement retirée dans la salle du jury pour procéder au tirage au sort. Le prévenu a déclaré qu'il renonçait à user du droit de récusation que la loi lui accorde. M. l'avocat général Gesbert ne l'a pas imité, il a récusé.

Cette opération terminée, la Cour entre dans la salle d'audience.

Sur l'interpellation de M. le président, le prévenu déclare se nommer Marie-Emmanuel-Jacques de Fitz-James, officier démissionnaire, demeurant à Paris.

Le greffier donne lecture de l'arrêt de renvoi, puis il procède à l'appel des témoins tant à charge qu'à décharge.

L'audition des témoins finie, M. l'avocat-général Gesbert a la parole.

Après ce réquisitoire, M. de Fitz-James se lève et prononce d'une voix assurée les paroles suivantes, au milieu d'un religieux silence :

« Messieurs les jurés,

» Il n'y a qu'un instant, vous ignoriez peut-être qu'une grande conspiration s'était tramée le 5 novembre, dans une auberge de la commune de Guerbaville ; vous ignoriez que ce jour-là, le trône de Louis-Philippe avait couru de grands dangers, et que l'on avait attenté aux droits qu'il tient du vœu de la nation française : c'est l'accusation qui parle.

» Ce n'était pas une réunion de chasseurs appelée par les autorités, par les habitans eux-mêmes, pour débarrasser le pays des loups qui le ravageaient, c'était une réunion d'hommes venus tout exprès de tous les coins de la province pour conspirer. Comme le lièvre de la fable, l'homme qui nous a dénoncés, au lieu du son de la trompe, a entendu le son de là trompette qui appelait à la révolte les paisibles habitans de cette commune; pour lui, ce n'était pas l'hallali du cerf qu'on sonnait, c'était l'hallali de la monarchie du 7 août.

» Les hommes qui composaient cette réunion, Messieurs, vous les connaissez tous pour la plupart, ce sont des hommes honorables de cette province, tous gens de cœur, qui, s'ils avaient voulu conspirer, auraient choisi un autre moment et un autre lieu. Le chef de ces conspirateurs, puisqu'on veut bien me faire cet honneur, l'homme qui, à l'aide de charbon, traçait ces mots :

VIVE HENRI V !

cet homme.... c'est moi. Et d'abord, Messieurs, je vous prierai de remarquer qu'il y a deux choses bien distinctes dans cette affaire, le fait en lui-même, puis une misérable question de personne qui ne devrait faire que s'y rattacher, et qui cependant, si je ne me trompe, a seule motivé les poursuites qui m'amènent aujourd'hui devant vous.

» Ce n'est pas, je pense, parce que j'ai appelé Henri de Bourbon Henri V, que l'on espère obtenir de vous une condamnation. Personne n'a jamais songé à l'appeler autrement. C'est M. Mauguin, si je ne me trompe, qui le premier l'a appelé ainsi à la Chambre des députés. M. Persil dit Henri V en plein tribunal, et les journaux, à quelque opinion qu'ils appartiennent, disent tous les jours Henri V.

» Ces trois mots réunis ensemble, aux yeux de la foule, ne constituent pas ce qu'on appelle un cri *séditieux*.

VIVE HENRI V !

Messieurs, c'est un cri d'espérance et d'avenir! Eh! les temps où nous vivons sont-ils donc si prospères, que ce cri d'un avenir meilleur ne puisse sortir de nos poitrines, à nous autres légitimistes?

VIVE HENRI V !

Ce cri pour nous, jeunes hommes, qui n'avons point trempé dans les fautes de la Restauration, veut dire : Un jour, bonheur, liberté, indépendance, honneur et gloire pour le pays.

» Ce n'est pas le cri d'un mauvais citoyen.

» C'est un cri tout français.

» Et d'ailleurs, Messieurs, seriez-vous donc les seuls en France à condamner ces paroles?

» Faut-il vous citer un exemple récent, et qui se rattache plus particulièrement encore à cette cause? Dernièrement, à Nantes, trois jeunes gens traversent la ville à cheval, aux cris de *Vive Henri V !* ils sont arrêtés : eh bien! Messieurs, M. Demangeat! M. Demangeat lui-même! de processive renommée, a reculé devant l'accusation! et ces trois jeunes gens, arrêtés préventivement, ont été mis en liberté, et renvoyés de la plainte.

» Vous le voyez, Messieurs, c'est pitié que tout ceci! cette accusation ne s'appuie sur rien! ce n'est plus qu'une misérable question de personne.

» Ce n'est plus qu'un nom que l'on veut frapper; parce que ce nom, je le dirai avec orgueil, est un nom cher aux légitimistes; et c'est vous, Messieurs, que l'on voudrait charger du soin d'exécuter cette misérable vengeance.

» Non, Messieurs, je le dis avec confiance, vous ne me condamnerez pas, parce que vous êtes des hommes indépendans, parce que vous, hommes de conscience et d'impartialité, vous ne voudrez pas vous faire les instrumens d'un pouvoir haineux et tracassier; parce que vous comprendrez que votre mission, à vous, n'est pas une mission de haine et de vengeance, mais une mission de justice et de vérité.

» Il est temps, Messieurs, que le jury, *cette pairie nationale*, pour me servir de l'expression de Châteaubriand, se jette au-devant d'un pouvoir qui frappe aveuglément et nous autres qu'il appelle les *vaincus*, et ces hommes qu'il appelait autrefois ses amis.

» Songez-y bien, les condamnations politiques ne changent point les hommes; voyez, depuis trois ans, ont-elles lassé la constance des deux partis?...

» Demandez à ces torturés du Mont-Saint-Michel, royalistes et républicains, si ce qu'ils endurent, loin de les abattre, ne les affermit pas au contraire dans leurs croyances.

» Demandez-leur s'ils voudraient racheter leur liberté au prix de l'infamie, en devenant des renégats, comme ceux qui ont rivé leurs fers.

» Demandez aux geôliers de cette nouvelle bastille si le cri de vive Philippe! retentit sous les voûtes de la geôle.

» Non, Messieurs, la prison est devenue un lieu de rendez-vous pour tous les hommes de cœur et de conviction.

» Là s'est rencontré le génie de Châteaubriand, le talent élevé de Carrel, la foi du paysan de la Vendée, l'énergie du républicain. Eh bien! s'il le faut, j'irai où ces hommes ont été, et je ne changerai pas pour cela, parce qu'il faut que je sois ce que je suis, ce que mon vieux père m'a dit d'être. Autrement, Messieurs, vous, tous les premiers, vous diriez : Cet homme est un infâme !

» J'ignore ce que l'avenir me réserve; mais si, pour prix de mon dévoûment à ma cause, on me traînait un jour aux pieds de cette machine rouge que l'on élève encore, à la honte de notre siècle, pour ce que l'on appelle les *crimes politiques*, toujours le même, en cet instant, Messieurs, mes derniers vœux seraient pour Henri-V et pour la France; le dernier cri qui sortirait de ma bouche serait celui qui m'a amené aujourd'hui devant vous. »

M. le président donne la parole à Me Fontaine, qui s'exprime en ces termes :

Messieurs,

Je ne crois pas me tromper, ces paroles de mâle franchise, de chaud dévoûment à d'augustes infortunes, loin de vous déplaire, ont dû servir l'accusé dans vos esprits. N'est-il pas vrai qu'on se sent un attrait involontaire pour ces hommes de loyauté qui parlent comme ils sentent, à découvert, cœur à cœur, et qu'on n'éprouve que de la répulsion pour ces vils accusés qui arrivent devant leurs juges avec des rétractations hypocrites et de basses génuflexions. M. de Fitz-James est resté debout devant vous; je ne le ferai pas fléchir; c'est un homme qu'il faut défendre par ses convictions, et non en les excusant.

Mᵉ Fontaine rétablit toutes les circonstances des faits; les ordres donnés par l'autorité administrative pour une battue contre les bêtes fauves de la forêt de Brothonne, la réunion à l'hôtel de Guerbaville, choisi pour halte de chasse, le repas du 5 novembre, donné par M. de Fitz-James à ses amis, aux maires des communes et à MM. les capitaines de louveterie; et, arrivant à l'inscription de *Vive Henri V!* il s'exprime ainsi :

Messieurs, tous les convives étaient gens d'un ton exquis, de la meilleure compagnie; il y a eu, dans ce festin, de la gaîté comme à une fête; mais on ne blessa aucune convenance, on ne sortit d'aucune limite; une partie des convives fut d'avis d'aller visiter le parc de la Meilleraie, l'autre de rester : M. de Fitz-James était de ces derniers; on monta dans sa chambre : ici commence le drame si tragiquement raconté par M. le sous-préfet d'Yvetot.

Messieurs, je l'ai dit, on sortait de table; or, je ne connais pas de quarts-d'heure plus consciencieusement perdus que ceux qui suivent les repas; il y a alors une sorte de repos obligé, une trève aux occupations, qui est considérée par tout le monde comme une sorte de devoir envers soi-même; ou on ne fait rien, ou, ce qui revient au même, on fait des riens : alors on voit les esprits les plus sérieux descendre du haut de leur gravité aux plus puérils enfantillages; c'était l'instant où le bon Henri faisait faire à ses enfans des cavalcades sur son dos, où M. Necker taillait des centaines de plumes. Nos chasseurs étaient donc dans ce moment de délassement, de désinvolture : les uns donnaient des sons de trompe, pompeusement décorés par l'accusation du nom de fanfares, les autres fredonnaient quelques airs. M. de Fitz-James était sur le balcon, le dos tourné au fleuve; sur le mur extérieur de sa chambre, en face duquel il se trouvait, il y avait l'emblême qui vous a été signalé, puis, sur la rampe du balcon, le petit fragment de charbon qui avait servi à faire cet emblême : sa main prit machinalement le charbon; et qu'on ne dise pas que ce mouvement n'est pas naturel, le griffonnage est une des grandes tentations de l'oisiveté; les mots *Vive Henri V !* furent écrits. Ainsi, Messieurs, fut consommé l'attentat qui demandait, suivant M. le sous-préfet d'Yvetot, de si promptes et si sévères répressions; la nature n'en éprouva du reste aucun émoi, le soleil ne voila pas sa face, ni le flot de la Seine ne recula épouvanté; seulement un de ces grimauds, qui ont toujours un aboiement prêt contre tout et contre tout le monde, lança un cri. A bas les Carlistes! et tout rentra dans son silence et son immobilité.

M⁰ Fontaine oppose ici comme contraste aux faits établis par les débats la version dramatique de M. le sous-préfet d'Yvetot, les fanfares pour appeler la foule, l'émeute, la tentative de siége de l'hôtel avec des pierres et des bâtons; puis il continue :

Mais on demandera : Pourquoi avoir écrit, Vive

Henri V! il est difficile de croire qu'il n'y ait pas là un but politique, une provocation ?

Pourquoi ? le voici : les moralistes, ou simplement un peu d'observation sur soi-même, nous découvrent la puissance d'un sentiment profond, d'une passion vive sur notre âme. C'est surtout dans les momens d'inoccupation que ces passions, que ces sentimens prennent dans notre esprit la place laissée vide; bien plus, que de fois elles luttent avec nos travaux, nos études, nos méditations, et parviennent à en triompher!

Demandez à l'ambition, à la vengeance, à l'amour, à l'amour surtout; placez un amant dans un bois, que fera-t-il? Il gravera sur l'écorce d'un arbre un chiffre chéri, un nom adoré.

Eh bien! Messieurs, Henri V, c'est le sentiment le plus profond, c'est la passion dominante de M. de Fitz-James; Henri V pour lui, et il vient de vous le dire, c'est la patrie personnifiée, c'est le bonheur de la France, c'est son espoir.

Pour nous, Messieurs, hommes d'étude, de raisonnement, de discussions, hommes froids par cela même, nous nous imaginons à peine ces fidélités ardentes, ces dévoûmens qui bouillonnent. Messieurs, dans un instant je vous dirai quel sang coule dans les veines de mon client, vous me comprendrez mieux.

Mᵉ Fontaine aborde la question de droit; il soutient d'abord qu'il n'y a pas publicité dans le sens de la loi du 17 mai 1819. Pour cela, il décrit les lieux : au-dessous du balcon était une terrasse, après la terrasse un jardin, puis un mur. Il n'y avait donc pas exposition d'écrits séditieux dans un *lieu public*. Puis il discute l'article 1ᵉʳ de la loi du 31 octobre 1830, et soutient qu'écrire *vive Henri V !* même dans un lieu public, ce n'est pas attaquer, comme le prétend l'accusation, les droits que Louis-Philippe tient du *vœu* de la nation et de la déclaration du 7 août 1830.

Messieurs, dit-il, je ne connais à ces mots : *Vive Henri V !* que trois significations possibles : pris dans le sens naturel, c'est un simple souhait d'existence; pris dans le sens figuré, ils contiennent un vœu pour le retour de Henri V en France, ou un acte de foi et d'hommage par lequel on le proclame son roi. Dans aucune de ces trois hypothèses il ne m'est possible d'apercevoir le délit.

Et d'abord, si c'est un souhait de vie, un vœu d'existence, où est donc la loi qui le réprouve? J'en connais bien une qui a condamné l'enfant royal au bannissement, je n'en connais pas qui l'ait condamné à la mort; si elle existait, ce serait une loi sauvage, qui ne devrait trouver dans notre généreuse France que des prévaricateurs.

Qu'il vive! Eh! n'y a-t-il pas depuis quarante ans assez de morts funestes, assez de tombes sanglantes dans cette famille? Dites, y a-t-il des malheurs comparables à ses malheurs? et quand, du milieu de tant de ruines, une voix fidèle aurait poussé un cri d'avenir et de conservation pour son dernier débris, où seraient-ils les cœurs barbares qui n'y applaudiraient pas? En tête du funèbre nécrologe se présente d'abord Louis XVI, roi honnête homme, qui donna volontairement à la France plus de libertés que toutes ses révolutions ne lui en ont conquis... mort sur l'échafaud!... Marie-Antoinette, si bonne dans la grandeur, si grande dans l'infortune.... morte sur l'échafaud!.. Madame

Elisabeth, pas une femme, un ange tombé du ciel : pourtant elle fit une fois un mensonge, c'était dans l'effroyable nuit du 6 octobre 1789; des factieux avaient pénétré dans le palais, ils s'étaient introduits dans l'appartement de Marie-Antoinette, après avoir massacré les gardes; madame Elisabeth presse la fuite de son auguste sœur, et, pour la sauver, elle a recours à une fraude sublime, elle se présente aux factieux en s'écriant : C'est moi qui suis la reine; usurpant ainsi un instant la couronne, par dévoûment et par fidélité. Dieu la sauva cette fois; mais trois ans après!... madame Elisabeth.., morte sur l'échafaud!....

Et Louis XVII? un enfant aussi; les barbares, ils l'ont tué deux fois; ils avaient abruti son âme avant de faire mourir son corps par le poison!....

Et Marie-Thérèse. Oh! celle-là, on la nomme, mais on ne raconte pas sa douleur; il n'y a pas de langue pour la dire : que de fois elle a dû s'écrier : « Heureux les morts! »

Et tous les autres membres de cette triste famille, les voyez-vous dispersés dans tous les coins du monde par le vent des révolutions : pendant vingt-cinq années, ils vivent du pain dur de l'exil, habitent sous le toit glacé de l'étranger! De plus doux soleils semblent se lever pour eux, mais la proscription les frappe une seconde fois; enfin, ils revoient de nouveau la terre de France; mais le poignard des factions les attend : encore une victime! Et Henri V, avant de naître, est couvert du sang de son père!

Puis, en 1830, la foudre tombe sur la dynastie : elle est proscrite encore.

Déplorable famille, qui semble épuiser sur elle plus

de fatalités que l'antiquité fabuleuse n'en accumula
sur ses races royales les plus maudites : rien ne lui
succède : ni les libertés qu'elle donne, ni les bienfaits
qu'elle répand, ni même ses victoires, ne peuvent la
sauver, et c'est son drapeau victorieux qui lui sert de
linceul !...

Non, non, un vœu d'existence, un souhait de vie,
arraché par tant d'infortunes, une prière de bonheur
pour qui a bu jusqu'à la lie la coupe amère de l'ad-
versité, ne peut pas trouver dans les lois les terri-
bles châtimens qus l'on invoquait tout-à-l'heure.

Mais j'entends ; on dit : Ce n'est pas dans ce sens
naturel que M. de Fitz-James a écrit les mots : *Vive
Henri V!* il leur a donné une signification politique;
il a voulu dire : Revienne Henri V régner sur la
France.

Eh bien! je le veux, je le concède, M. de Fitz-
James aura voulu dire : Vienne Henri V; où est le
crime, où est le délit? Il y a deux manières de vou-
loir le retour d'Henri V : l'une, en culbutant le trône
de Louis-Philippe par la guerre étrangère et par la
guerre civile; l'autre, par le rappel du peuple, par
son consentement, par son vœu.

Le premier mode serait coupable selon la loi ac-
tuelle, je l'accorde ; mais, ce qui me préoccupe bien
plus, il serait funeste à la patrie. Non, M. de Fitz-
James ne veut pas de la guerre étrangère : en 1830,
la foi à son serment lui a fait rompre son épée; mais si
l'étranger menaçait l'intégrité de notre territoire, il
en ramasserait les tronçons brisés pour aller le com-
battre, et ne s'informerait pas de la couleur du drapeau qui le conduirait à l'ennemi.

BIBLIOTHÈQUE ROYALE

Quant à la guerre civile, elle est impossible ; elle ne ferait que d'inutiles victimes !

Enfin, si le vœu du peuple défaisait son ouvrage, s'il rappelait les proscrits, si d'un consentement général, et il y en a des exemples dans l'histoire, il allait chercher dans l'exil le roi légitime, est-ce que ce ne serait pas là l'exercice régulier et logique du principe même de la constitution de 1830, qui proclame la souveraineté du peuple ? Faire un vœu pareil est donc légal, orthodoxe : le trône de Louis-Philippe n'est fondé que sur un vœu, cela est écrit non-seulement dans la Charte, mais encore dans l'article de loi avec lequel on veut nous punir. Ce qui est anti-constitutionnel, c'est de prétendre aujourd'hui que le trône est incommutable, inamissible, et que la majorité, ou bien seulement le vœu du peuple, ne peut pas défaire ce qu'on a dit qu'il a fait en 1830.

Au surplus, Messieurs, si ce vœu est coupable, il n'est pas nouveau. Odilon-Barrot, je ne cite pas un légitimiste, n'a-t-il pas dit à Charles X, lorsqu'il assistait au convoi de la monarchie : « Sire, conservez précieusement cet enfant, en qui reposent les espérances de la patrie ? »

Enfin, vous prétendez que *Vive Henri V !* dans la bouche de M. de Fitz-James contient une reconnaissance de royauté, une sorte de foi et hommage, et, par voie de conséquence, la dénégation des droits de Louis-Philippe et une attaque contre l'ordre de successibilité.

C'est là le plus fort argument du ministère public, et pourtant il n'est pas tenable devant le principe du gouvernement actuel et la jurisprudence qui les a interprétés.

Le principe du gouvernement? c'est le droit d'avoir toutes les opinions; c'est plus que cela, c'est le droit de les publier : lisez plutôt l'article 5 de la Charte de 1830.

Eh bien ! Messieurs, écrire : *Vive Henri V !* c'est dire : Henri V est mon roi, c'est dire : Je suis légitimiste.

A-t-on le droit de dire, d'écrire : Je suis légitimiste? Oui, car c'est une opinion.

On peut avoir toute espèce de foi politique, comme on peut avoir toute espèce de foi religieuse : le pouvoir n'est pas mieux traité que la divinité ; à cet égard, il aurait mauvaise grâce à se plaindre.

Ainsi, je puis élever dans mon cœur, dans mon imagination, tous les trônes, tous les pouvoirs, tous les systèmes de gouvernement, comme je puis élever des autels à tous les cultes qu'il me conviendra, à tous les dieux connus et inconnus, et j'ai le droit de publier ma double foi.

J'ai le droit de reconnaître pour mon roi ou mon gouvernement légitime, qui il me convient, qui je préfère, à trois conditions :

Payer à celui qui existe l'impôt d'argent, payer l'impôt du sang, ne pas troubler l'ordre public. Je pourrais même reconnaître un souverain étranger, comme l'étranger qui habite notre territoire. Voilà le droit : on peut le méconnaître, le violer ; mais c'est toujours le droit, car on ne tue pas la justice par la violation, pas plus que la vérité par le mensonge.

Toutes les fois que ces principes se sont présentés

à appliquer, vos devanciers n'ont pas hésité à les pro-
clamer, et le pays, par votre organe, a montré qu'il
comprenait ainsi les lois. Voulez-vous des exemples?

Naguère Châteaubriand lance une de ses brochures
qui tombent comme la foudre là où elle frappe ; il
dénonçait à l'Europe la plus éclatante violation de la
liberté individuelle ; puis, à la fin, s'adressant à la
prisonnière de Blaye ; c'est là sa courtisanerie à lui,
il court toujours aux princes dans l'infortune, sauf à
ne plus les revoir dans la prospérité ; il disait : *Madame, votre fils est mon roi* : 400,000 exemplaires
furent arrachés en quelques semaines.

Cela, Messieurs, n'était pas écrit sur une muraille
d'une petite commune, d'un petit arrondissement ;
cela était écrit en caractères de feu pour l'Europe,
pour la postérité, avec ce style dont Châteaubriand
seul a le secret. Ce n'est pas tout : 1200 jeunes hommes
traversèrent tout Paris pour aller lui répéter ces fidèles
paroles.

On fit un procès : pas une récusation ne fut exer-
cée, Châteaubriand ne daigna pas même se défendre ;
pourtant il y eut un acquittement unanime !

Ce n'est pas tout, voici du légitimisme en action :

Au mois de septembre dernier, Henri V atteignait
la majorité royale ; les légitimistes de France pensè-
rent qu'il était de leur devoir d'aller lui offrir leur foi
et hommage ; des conseils se tinrent, on nomma des
députés dans toutes les villes ; Rouen aussi a eu ses
généreux pélerins : on les chargea d'instructions,
d'offrandes ; la fidélité se révélait de mille manières,
dans des emblêmes de toute sorte.

Les journaux racontèrent et les discours et les réceptions, et la réponse du jeune roi.

Quatre de ces députés furent arrêtés. Eh bien! à Strasbourg, à Angers, il fut déclaré qu'il n'y avait pas de délit : pourvoi devant la Cour de cassation; là, M. Martin, du Nord, homme bien dévoué, d'un bien pur philippisme, ne fit pas même au pourvoi l'honneur d'une longue discussion; il conclut au rejet. On plaida la thèse que je développe devant vous, la Cour accueillit le rejet. Pourquoi ? Parce que c'était là des opinions, et que toute manifestation d'opinion est un droit.

Voilà la loi, voilà la jurisprudence pour des faits, pour des actes de foi d'une bien autre énergie que celui de M. de Fitz-James.

Messieurs, je pourrais concéder au ministère public tous ses principes, qu'il n'aurait encore rien obtenu pour la condamnation ; resterait en effet une question décisive pour l'acquittement.

Qu'importe un fait matériel ? vous le méprisez, vous ne vous attachez qu'à sa moralité. Quand donc les intentions d'un acte quelconque furent pures et généreuses, vous ne vous inquiétez pas de l'existence du fait, et vous répondez encore : Non, l'accusé n'est pas coupable.

Eh bien! ces opinions, qui l'amènent devant vous, il les a puisées dans les inspirations les plus généreuses. J'ai mission de vous les expliquer; le meilleur moyen pour faire absoudre mon client, c'est de vous le faire connaître.

Messieurs, ce nom de Fitz-James sonne l'étranger, écoutez comme il est devenu français.

Il n'y a pas un siècle, un vaisseau quittait les côtes d'Angleterre et faisait voile vers la France ; il portait la dynastie des Stuarts fuyant devant l'usurpation : quelques compagnons dévoués suivaient les augustes proscrits. Parmi eux se trouvait le premier des Fitz-James. Vous savez, Messieurs, comment le grand Roi sut donner aux Stuarts et à leurs fidèles serviteurs la plus magnifique hospitalité ; mais aussi, que ce Fitz-James la paya bien ! Ce fut depuis le maréchal de Berwick, qui remporta tant de victoires et prit tant de villes ! Enfin, vous savez comment il fut frappé d'un boulet devant Philisbourg, et mourut de la plus belle mort, de la mort des braves : c'est sur ce boulet que sont écrits, en caractères de sang, les lettres de naturalisation et les titres de noblesse de cette famille. Certes, il faudrait avoir une susceptibilité bourgeoise d'une étrange sorte pour crier après une noblesse acquise comme celle-là ; libre à chacun d'ailleurs de la conquérir à ce prix. Messieurs, si je la raconte, si j'en parle, ce n'est pas, comme semblait le pressentir tout-à-l'heure M. l'avocat-général, pour réclamer privilége en justice ; non, c'est pour vaincre des préjugés hostiles. M. de Fitz-James ne demande que l'égalité ; qu'on le juge comme le citoyen le plus obscur, mais qu'on ne lui fasse pas une défaveur de son nom, car il y en a peu de plus beaux à porter !

M⁰ Fontaine continue à raconter les services de la famille de Fitz-James, son dévoûment aux Bourbons à toutes les époques ; il cite M. de Fitz-James père, l'honneur de la tribune veuve de sa voix ; il parle de ses opinions généreuses et nationales, noble alliance des principes monarchiques du passé et des idées libérales nouvelles. Puis il raconte la carrière militaire de son client, ses services dans toutes les guerres de la Restauration, et comment la Révolution de juillet, après dix ans de services, le trouva encore lieutenant. Ceci donne occasion à l'avocat de venger la Restauration des accusations de priviléges pour les anciens noms ; le dernier prolétaire, dit-il, sachant lire et écrire aurait obtenu un pareil avancement. Il expose comment il refusa de servir le gouvernement nouveau ; c'eût été lâcheté, trahison, s'il eût abandonné la dynastie des Bourbons, tombée à son tour comme celle des Stuarts, M. de Fitz-James devait payer la dette d'honneur que lui imposait l'hospitalité donnée à ses ancêtres.

Après d'autres développemens, M⁰ Fontaine termine ainsi :

Vous le voyez, M. de Fitz-James ne peut pas être autre que légitimiste, c'est sa fatalité, c'est sa condamnation ; Messieurs, si je demande un acquittement, c'est moins pour lui qu'au nom de la jeunesse française, que trop de scandale tend à démoraliser et à pervertir ; elle s'étonne, elle s'indigne de voir traîner devant les cours d'assises tout ce qui a de la foi et de la conviction. N'y a-t-il pas de quoi se voiler la tête, en signe de deuil, à considérer le spectacle qui se passe sous nos yeux ? Le pouvoir, pour distribuer ses faveurs, semble faire subir un ignoble interrogatoire, où il demande à ses candidats : Qu'as-tu fait pour être vil ? Hommes qui avez prêté des sermens à tous les règnes, à toutes les constitutions, c'est à vous les honneurs et les palais dorés ; mais, en revanche, tout ce qu'il y a de grand et de généreux souffre persécution et outrage.

Le génie ? N'ont-ils pas jeté Châteaubriand dans leur prison ?

L'éloquence ? N'ont-ils pas voulu faire passer Berryer par un feu de peloton ?

Là loyauté? la vertu ? Hyde de Neuville a connu les sourricières de la police.

Et aujourd'hui, qu'un homme de dévoûment et de conscience se présente aux portes du temple de l'élection? on lui dit : Nous te trouvons digne de payer l'impôt, mais tu n'auras le droit de le voter si tu n'abjures ta foi, si tu ne foules aux pieds ce que tu adores; fais-nous serment, ou retire-toi! Ainsi la dégradation civique dont le Code pénal ne flétrit que les infâmes, on l'inflige à la fidélité, à l'honneur, comme si c'était des attentats aux mœurs de l'époque.

Où en veut-on venir avec ces systèmes de corruption et d'immoralité? ne sait-on pas que ces voies mènent à la mort? car, pour les peuples comme pour les individus, le Ciel ne promet la longueur des jours qu'à la vertu et au respect des devoirs.

Messieurs, les convictions ardentes et généreuses sont assez rares pour ne pas les éteindre : vous acquitterez donc ce loyal jeune homme, car vous êtes sûrs que dans son cœur le cri de vive Henri V veut dire vive la France!

M. le président demande au prévenu s'il a quelque chose à ajouter à sa défense; sur sa réponse négative, il déclare que les débats sont clos. Puis avec une brièveté et une impartialité remarquables, il fait le résumé exigé par la loi, après quoi il remet au chef du jury une seule question ainsi posée :

« Marie-Emmanuel-Jacques de Fitz-James est-il coupable d'avoir, le 5 novembre dernier, commis le délit d'attaque contre l'ordre de successibilité au trône et contre les droits que le roi tient du vœu de la nation française; en écrivant ces mots : *Vive Henri V?* »

Après une heure et demie de délibération, MM. les jurés rentrent en séance, et le chef du jury lit en la forme accoutumée une déclaration portant :

« A la majorité de plus de sept voix, oui le prévenu est coupable.

« A la majorité de plus de sept voix, oui, il y a des circonstances atténuantes. »

Sur cette déclaration, M. l'avocat-général requiert l'application de la loi ; alors Me Fontaine se lève et conclut :

A ce qu'il plaise à la Cour,

Attendu que la déclaration du jury proclame l'existence de circonstances atténuantes sur lesquelles MM. les jurés n'avaient pas le droit de s'expliquer, que dès-lors cette déclaration n'est pas conforme à la loi ;

Déclarer nulle la déclaration DU JURY.

Un débat s'engage alors entre Me Fontaine et M. l'avocat-général ; enfin la Cour ordonne le dépôt des conclusions sur son bureau, et se retire dans la chambre du conseil pour en délibérer.

Une demi-heure après environ, elle rentre en séance, et M. le président prononce un arrêt duquel il résulte que la déclaration du jury étant complexe lorsqu'une seule question lui avait été posée, il y a doute sur le point de savoir s'il a entendu déclarer le prévenu coupable ; en conséquence, il invite MM. les jurés à se retirer dans leur chambre pour expliquer leur déclaration. MM. les jurés se retirent en effet : et cinq minutes après ils rentrent avec une nouvelle déclaration portant pour toute réponse :

« Non, le prévenu n'est pas coupable. »

Un murmure d'approbation accueille cette décision, et M. le président, en vertu des pouvoirs qui lui sont confiés par la loi, prononce l'acquittement de M. de Fitz-James.

(Extrait de la Gazette de Normandie du 1er janvier 1834.)

Paris, imprimerie de Decourchant, rue d'Erfurth, n° 1.

BIBLIOTHEQUE ROYALE